ERRE

...QUE, ILLUSTRÉE

...RE D'ITALIE

... J.-B. GUSTAVE CHADEUIL

GARIBALDI.

L'ÉCHO
DE LA GUERRE

HISTOIRE
PITTORESQUE, ANECDOTIQUE, ILLUSTRÉE
DE LA CAMPAGNE D'ITALIE

Sous la direction littéraire de M. GUSTAVE CHADEUIL

CHRONIQUE GÉNÉRALE — RAPPORTS OFFICIELS
PROCLAMATIONS, MANIFESTES, DÉCRETS — ORDRES DU JOUR AUX ARMÉES
BULLETINS DES BATAILLES — NOTICES SUR LES PLACES FORTES
FAITS DIVERS — PORTRAITS — VIGNETTES, ETC.

— II —

PARIS

MARTINON	DELAVIER	HAVARD
rue de Gren.-St-Honoré, 14	rue N.-D.-des-Victoires, 11	boulevard Sébastopol. 49

1859

PARIS. — IMP. SIMON RAÇON ET COMP, RUE D'ERFURTH, 1

L'ÉCHO DE LA GUERRE

A NOS SOUSCRIPTEURS

Un de nos artistes les plus distingués, M. Sorieul, est spécialement chargé des illustrations.

G. C.

CHRONIQUE GÉNÉRALE

Joseph Garibaldi est né à Nice, le 4 juillet 1807. Il prit du service, tout enfant, dans la marine sarde, où il eut souvent occasion de prouver son courage et son énergie. Plus tard, l'affranchissement de l'Italie devint le rêve de son âme ardente; il se compromit dans une conspiration et fut forcé de se réfugier en France d'abord, puis en Afrique, où il s'engagea comme officier sur une corvette du bey de Tunis. Mécontent des ordres qu'il recevait et qui ne convenaient pas aux allures indépendantes de son caractère, il partit pour l'Amérique et prit le commandement de l'escadre armée par l'Uruguay contre Buenos-Ayres.

L'intervention anglo-française empêcha la réalisation de ses projets.

Il se rendit à Montevideo, et, se plaçant à la tête de la légion italienne, il combattit vigoureusement contre Rosas.

En 1848, il retourna dans son pays, pour soutenir la lutte contre l'Autriche. Il déploya une bravoure poussée jusqu'à l'héroïsme.

Pendant le siége de Rome, nos intrépides soldats rendirent justice à sa valeur.

Garibaldi s'embarqua de nouveau pour l'Amérique, et s'y fit tour à tour marchand et marin. Il visita successivement toutes les villes du nouveau monde.

Enfin, l'Italie avait besoin de lui, il a répondu noblement à son appel.

***

Un ordre du jour signé par le major général de l'armée d'Italie annonce que deux grenadiers du 1er régiment de la garde ont été renvoyés en France par ordre de l'Empereur. Ils avaient été arrêtés au moment où, s'étant introduits dans un magasin d'administration, ils remplissaient des bidons à un tonneau de vin qu'ils avaient percé. Il est à désirer que les Autrichiens, en cas de soustraction illicite, imitent cet exemple de sévérité.

***

A Turin, le 24 mai, toute la ville se dirigeait vers la rue du Pò, pour assister au défilé d'un régiment de lanciers venant de Suze. Les vivats les plus chaleureux ont accompagné nos soldats jusqu'au quartier de cavalerie où ils sont momentanément casernés. Les dames, placées aux balcons, agitaient leurs mouchoirs comme des drapeaux, et les bouquets pleuvaient sur nos escadrons. Après le passage du régiment, un jeune officier rejoignait au petit trot sa compagnie ; il n'avait pas fait vingt pas dans la rue que la pluie de fleurs recommença. Un peu surpris d'abord de cette démonstration inattendue, il ne savait trop quelle contenance tenir ; mais tout à coup il mit pied à terre, ramassa un des bouquets qui jonchaient le sol, salua les dames, et, se remettant lestement en selle, lança son cheval au galop et partit au milieu des applaudissements généraux.

*_**

— Vous ne savez peut-être pas ce qu'on fait maintenant à Vienne ? demandait-on à un lieutenant-colonel français, après la bataille de Montebello.

— Non.

— On chante victoire.

— S.... tonnerre ! Est-ce possible ? des

chenapans qui étaient trois contre un. Ah ! ils entonnent des *Te Deum*. Nous leur en donnerons des *Te Deum*, à la première rencontre.

Le colonel était superbe de colère et d'animation.

✦ ✦ ✦

Les turcos campent en plein air. Quand on leur offre un abri sous les tentes, ils répondent dédaigneusement, dans leur langage figuré :

« Notre mère était Arabe, notre père Turc ; ils vivaient dehors. Le ciel nous connaît. »

✦ ✦ ✦

Le général de Sonnaz, dont le courage chevaleresque vient d'être si justement admiré au combat de Montebello, était sur le point d'être tué par un chasseur, qui l'avait ajusté déjà. Un soldat, l'ayant aperçu, se jeta à la hâte entre son général et l'ennemi pour détourner le coup, et il tomba blessé grièvement, mais avec la satisfaction d'avoir sauvé la vie à son chef. Ce soldat était un des volontaires lombards, le marquis Fadini ; il est maintenant à Voghera, mais sa blessure est très-grave et son état inspire toujours les plus vives inquiétudes.

*_**

— A moi ! mon capitaine ! à moi ! criait un soldat autrichien. Je tiens enfin un bersaglieri.

— Amène-le.

— Je ne demanderais pas mieux ; mais il ne veut pas me lâcher, le brigand !

*_**

Les États italiens ne fournissent pas seuls

des volontaires à l'armée piémontaise. En Grèce un vif élan d'enthousiasme s'est manifesté pour la cause de l'indépendance italienne. Déjà plusieurs jeunes gens de bonne famille, entre autres le fils de M. Dosios, ex-sous-secrétaire d'État au ministère de l'intérieur, ont quitté leurs parents et se sont fait inscrire en Piémont comme soldats.

****

Les zouaves se font remarquer entre tous par leur façon originale de marcher au-devant des Autrichiens. Ils portent sur leurs sacs des quartiers d'agneau, d'énormes morceaux de viande crue ficelée, des salades, des choux et des légumes de toute espèce ; sur l'épaule de l'un d'eux on pouvait remarquer un vieux coq solidement attaché par précaution.

****

Quelques officiers autrichiens persistent à se faire adresser leurs lettres, poste restante, à Turin.

Un proverbe dit :

« *Tout chemin mène à Rome ;* » mais nous n'en connaissons pas qui dise :

« On prend les capitales en leur tournant le dos. »

⁎

Le corps des *bersaglieri* est un des plus anciens dans ce genre de toutes les armées européennes ; il a été formé sur le modèle des chasseurs tyroliens de l'Autriche par Alexandre la Marmora, depuis général, mort en Crimée. C'est en voyant manœuvrer le bataillon que cet officier formait à Turin qu'un des princes d'Orléans eut l'idée d'utiliser cette création pour la France, et qu'il en rapporta l'organisation des tirailleurs de Vincennes, actuellement nos chasseurs à pied. En 1848, le Piémont n'avait qu'un bataillon de *bersaglieri* d'un assez fort effectif, et dont on attribua deux ou trois compagnies à chaque division. Mais les services qu'ils rendirent dans cette campagne ont fait sentir la nécessité de leur donner un développement en rapport avec celui des autres troupes, et le nombre de leurs bataillons a été, dans ces dernières années, porté à dix. C'est un corps excellent, qui peut soutenir la comparaison avec ce qu'il y a de mieux dans cette arme.

La cavalerie a été également refondue en quelque sorte. Les six régiments existant dans la dernière guerre, qui portaient les dénominations suivantes : *Nice, Aoste, Gênes, Novare, Piémont, Savoie-cavalerie*, et qui étaient armés, par moitié, de lances et de sabres, ont été remplacés par 9 régiments : 5 de chevau-légers, avec le sabre et la carabine, et 4 de dragons, avec la lance et le *pistolone* (mousqueton). Chaque régiment compte 5 escadrons, dont 4 actifs, et un de dépôt.

La cavalerie piémontaise, bien montée et bien commandée, a soutenu avec beaucoup d'honneur sa réputation en Lombardie, il y a dix ans. — Elle était peu nombreuse, il est vrai ; mais la supériorité numérique des Autrichiens était annulée par la nature du terrain, qui ne permet presque nulle part le déploiement de trois ou quatre escadrons ; soit meilleure organisation, soit plus grande bravoure, il est certain que, dans toutes les affaires de la campagne, elle battit la cavalerie autrichienne.

L'artillerie sarde, dont le calibre est supérieur à celui de presque toutes les puissances, passe pour une de meilleures de l'Europe ; elle a fait ses preuves en 1848, et, dernièrement en Crimée, à la bataille de la Tchernaïa, nos officiers admirèrent la parfaite justesse de son tir.

Elle se compose d'un régiment de dix-huit batteries de bataille et de douze de position, d'un régiment d'artillerie de place et d'un régiment d'ouvriers. Chaque batterie compte six pièces.

Le corps d'état-major, celui de l'intendance et le service de santé, assez défectueux en 1848, ont également été reconstitués depuis cette époque.

Notre service d'intendance a servi, en Crimée, de modèle aux officiers sardes chargés de cette partie pour l'organiser dans leur armée.

L'état-major a gagné beaucoup sous l'intel-

ligente direction du colonel Henri Giustiniani,
qui vient de mourir, comme le général Bouat,
à la veille de la guerre et dans toute la force
de l'âge.

L'armée piémontaise comprend encore un
bataillon d'infanterie de marine (*Royal-Vais-
seau*), un bataillon du génie, un train des
équipages, etc., etc.

**

Le général Forey, qui vient d'attacher son
nom au premier succès remporté par notre
vaillante armée d'Italie, est né à Paris, au com-
mencement de 1804. A dix-huit ans, il sortit
de l'école militaire de Saint-Cyr, pour occuper
les fonctions d'instructeur dans un régiment. Il
fit les premières campagnes d'Afrique, avec le
grade de lieutenant. Il se distingua particuliè-
rement, ce qui lui valut, plus tard, en 1840,
l'honneur de créer les bataillons des chasseurs
de Vincennes, en vue des éventualités qui pou-
vaient surgir. La république le trouva colonel,
et, comme elle avait besoin du concours de

tous les talents, elle le nomma général de brigade, puis général de division.

Durant la guerre de Crimée, il fut mis à
tête de la réserve, et chargé de surveiller
Grèce, depuis Athènes, où se trouvait son pos
d'observation. Ce rôle neutre ne pouvait lon
temps convenir à son caractère. Il obtint
poste actif sous les murs de Sébastopol.

A l'ouverture de la campagne actuelle, quai

fut créée l'armée d'Italie, le général Forey fut appelé au commandement de la première division du premier corps.

Il semble qu'il ait eu dès lors le pressentiment des faits qui devaient s'accomplir si promptement. Nous n'en voulons pour preuve que cet ordre du jour, qu'il adressait à sa troupe, le 6 mai.

« Soldats, disait-il, nous allons nous trouver
« *demain* en première ligne, et il est probable
« que nous aurons l'honneur des premiers en-
« gagements avec l'ennemi. Rappelez-vous que
« vos pères ont toujours battu cet ennemi, et
« vous ferez comme eux ! »

De l'avis unanime des officiers et des soldats, le général Forey s'est élevé à une hauteur de courage qui ne saurait être dépassée. Seul, à quinze pas, il bravait la fusillade, restait exposé à toute la grêle des balles et des boulets, et du geste, de la voix, de l'exemple surtout, portait l'ardeur et l'enthousiasme à leur comble.

Par un sentiment de modestie ordinaire chez les grands cœurs, il semble, dans le rapport qu'il adressait à cette occasion au maréchal Baraguey-d'Hilliers, avoir pris à tâche d'effacer tout ce qu'a de brillant le rôle qu'il a joué dans cette affaire. Mais ses soldats ne s'y sont point trompés, eux qui, le jour même de la bataille et sur l'emplacement où elle venait de se livrer, ont, d'un élan unanime, décerné une ovation triomphale à leur général.

Il avait en face de lui, pour adversaire, le comte de Stadion, le fils de cet ancien grand trésorier de l'évêque de Wurzbourg qui, devenu ministre des affaires étrangères en Autriche, excita la guerre de 1809, fut congédié après Wagram, et reparut sur la scène diplomatique pour assister, en 1815, au congrès de Vienne. Le comte défend les traités signés par son père. Les défend-il bien? *That is the question*.

*_**

Un jour de l'autre semaine, la foule se pressait devant la porte d'un établissement où l'on souscrivait à l'emprunt de 500 millions.

Un Allemand passait.

— Qu'est-ce que cela? demanda-t-il, s'adressant à deux ouvriers.

— Ça, c'est un enterrement.

— Qui donc enterre-t-on?

— L'Autriche. Et l'on vient acquitter d'avance les droits de l'inhumation.

L'Allemand se sauva.

Il court encore.

***

Au passage du mont Cenis, le froid, la neige et la pluie avaient coupé la parole à nos soldats. Tout à coup l'un d'eux s'écria :

« Si le bon Dieu avait eu un sac sur le dos quand il créa la terre, il n'eût pas fait les montagnes si hautes ! »

***

Aux environs de la Halle, deux ouvriers se disputaient : l'un, déterminé à la guerre, *agonisait* son camarade, lequel semblait désirer plutôt un congrès.

Vainement le batailleur épuisa son vocabulaire : *Lâche ! feignant ! propre à rien !* l'autre ne bougeait pas.

— Tiens, lui dit-il à bout d'injures, tu n'es qu'un Autrichien !

— Ah ! s'écria l'homme pacifique, celle-là est trop forte !

Et, d'un coup de poing superbe, il commença les hostilités.

***

Le système des emprunts nationaux réalise complétement les espérances que l'on en avait conçues. Un second rapport sur l'emprunt de cinq cents millions établit que le chiffre des souscriptions était de 99,124 pour l'emprunt de deux cent cinquante millions ; de 170,820 pour le premier emprunt de cinq cents millions ; de 516,976 pour celui de sept cent cinquante millions ; et qu'il est actuellement de 690,190. La somme souscrite est de 2,509,559,776 francs. Paris et le département de la Seine ont fourni 1,547,637,636 francs, et les autres départements 961,922,140 francs.

Il est à remarquer que le chiffre des sous-criptions dans certains départements présente une énorme supériorité. Elles sont, dans le Haut-Rhin, de 47,614, dont 46,011 coupures de 10 francs ; dans les Bouches-du-Rhône, de 43,116, dont 40,669 coupures de 10 francs ; dans la Meurthe, de 16,835, dont 14,597 coupures de 10 francs ; dans le Doubs, de 16,001, dont 14,702 coupures de 10 francs ; dans le département de Seine-et-Oise, de 14,802, dont 11,750 coupures de 10 francs ; dans les Vosges, de 14,437, dont 13,591 coupures de 10 francs ; dans le Rhône, de 11,634. Les souscriptions déclinent ensuite sensiblement. L'Ain n'en compte que 998, le département des Hautes-Alpes que 621, la Vendée que 567, le département des Pyrénées-Orientales que 404.

Comme dans les emprunts précédents, la liquidation sera faite par multiple de 10 francs pour les rentes escomptables, et par multiple de 100 francs pour l'autre catégorie.

⁎⁎⁎

A propos des Autrichiens qui frappent les populations d'impôts forcés, un zouave disait :

— Ah ! ils font chanter nos amis...

— Après? interrompit un lieutenant qui passait.

— Après, après? eh bien, nous les ferons danser, voilà tout.

***

La semaine dernière, un jour de pluie, un de nos hommes s'écriait :

— Allons, bon ! nous voilà devenus grenouilles, ces crapauds d'Autrichiens nous payeront ça.

***

Une famille, dans la maison de laquelle on

a trouvé de vieux fusils, a été conduite sur la place ; une compagnie de soldats autrichiens s'est mise en face, et, sur l'ordre d'un officier, on dit même d'un général, elle a fait feu. Sur les sept personnes qui la composaient, six sont tombées. Le père seul a survécu. Il s'appelle Cignoli et se trouve à l'hôpital militaire de Voghera.

***

La *Gazette de Milan* du 26 mai donne une version nouvelle de la bataille de Montebello. Les forces que commandait le comte de Stadion comprenaient les brigades Boer, Gaal, Bils, Alexandre de Hesse et Schaaffgotsche. Les troupes avaient leur centre à Casteggio et leurs ailes à Casatisma et Montebello. Suivant le récit de la *Gazette*, le lieutenant-maréchal Urban, chargé d'occuper Casteggio et Montebello, a opéré avec une célérité inouïe, et poursuivi les Français jusqu'aux hauteurs de Ginestrello ; mais là il a été forcé de se replier devant des forces supérieures. Ce qui revient à dire que le lieutenant-maréchal Urban a été vainqueur tant qu'il n'a eu presque personne devant lui.

***

A ce même combat de Montebello, les troupes autrichiennes postées sur les crêtes, voyant les Français grimper de monticule en monticule, se coucher à plat ventre pour éviter les balles, puis se relever aussitôt et s'avancer au pas de charge; les Autrichiens, dis-je, ne se sentant plus, en outre, soutenus par leur artillerie, firent une dernière décharge de mousqueterie et lachèrent pied sans attendre davantage nos fiers soldats. Ceux-ci les poursuivirent la baïonnette dans les reins, voilà pourquoi la plupart des blessés autrichiens sont presque tous frappés par derrière. Un chasseur du 17e bataillon a tué, pour sa part, huit Autrichiens, et, sur ces huit fuyards, un seul avait fait mine de se défendre. « Celui là, ajoutait-il, a au moins eu l'honneur de mourir avec un coup dans l'estomac. »

***

La bataille allait finir.

Cinq tyroliens passaient, à distance, serrés de près par nos soldats. Ils tirent au hasard, le général Beuret abandonne les rênes de son cheval, et, soutenu par quelques soldats, il rend le dernier soupir.

* * *

L'ennemi, repoussé de ruelle en ruelle, de maison en maison, battit en retraite jusqu'à la sortie de la ville, et se jeta dans le cimetière, où il se retrancha. Ce cimetière est à peine à deux cents pas de Montebello. Nos soldats grimpèrent par-dessus les murs ; il ne leur restait plus une seule cartouche. L'ennemi, se voyant pris dans sa dernière retraite, se sauva en jetant ses armes pour mieux courir ; alors commença la véritable débandade. On fit quelques prisonniers ; mais, la cavalerie nous manquant, le général Forey donna l'ordre de s'arrêter.

Devant le cimetière on a creusé deux fosses énormes. C'est dans ces fosses recouvertes de terre glaise fraîche que sont enterrés les Autrichiens. Les Français tués ont été inhumés dans l'enceinte du vieux cimetière. Une simple croix de bois marque l'endroit où ils reposent.

Le champ de bataille, sauf le triste spectacle des morts et des blessés qui ont été enlevés, présente encore aujourd'hui l'aspect qu'il avait le soir du combat. Les blés sont piétinés, des flaques de sang noir et séché par le soleil *inondent les sillons;* on a trouvé le cadavre d'un enfant de quinze ans à peine. Il portait pendu à son col un médaillon représentant une femme âgée; sans doute sa mère !

On raconte que des soldats ont découvert un Autrichien qui, depuis trois jours, se tenait caché dans une barrique. Ce qu'il y a de vraiment extraordinaire, c'est que cet homme, blessé de deux balles, l'une à la cuisse, l'autre dans le bras, était resté dans cette étroite cachette sans pousser une plainte et sans être entendu de nos soldats, qui, depuis trois nuits, couchaient auprès de lui dans la même cave. Quand on lui a demandé pourquoi il n'avait pas appelé à son secours, il a répondu que la crainte seule l'avait retenu. Ses chefs avaient dit que les Français ne faisaient pas de quartier, et qu'ils tranchaient la tête de leurs prisonniers. Ce malheureux a été aussitôt couché sur un brancard-lit et transporté à Voghera sur les épaules de quatre chasseurs d'Afrique. Il fallait voir avec quelle bonté nos chasseurs, ne pouvant lui parler, lui prenaient la main et la pressaient doucement pour le rassurer !

Un simple soldat du 84ᵉ régiment de ligne a fait seize prisonniers à lui seul, les uns après les autres, bien entendu. Un sous-officier a reçu dix-sept blessures, et l'on espère qu'il survivra. Un voltigeur se rencontre face à face avec un major autrichien, qui lui casse le bras gauche d'un coup de pistolet ; de son bras droit, le voltigeur prend son fusil, dont il se sert comme d'une lance et enfonce sa baïonnette dans la poitrine du major ; il lui enlève ensuite son ceinturon et son shako et s'affaisse au bord d'un champ, où on le trouve après le combat serrant avec tant de force ses glorieux trophées, qu'il fallut le placer sur une civière avec ses dépouilles opimes.

***

La division Forey, y compris son artillerie et la brigade de cavalerie sarde, ne présentait pas plus de 6,000 baïonnettes ou sabres. Or, si grande qu'ait été l'ivresse de la colère des généraux autrichiens en se voyant battus, dépostés, culbutés par une troupe relativement aussi faible, elle n'a pu leur faire compter 40,000 hommes là où il n'y en avait pas 7,000. L'ivresse fait voir double et non pas sextuple Le dessein prémédité de tromper est ici flagrant. Mais qui peut-on tromper ? L'empereur d'Autriche et les troupes qui n'étaient pas à Montebello, car, pour celles qui y étaient, leur certitude est formée. Le rapport du général Giulay ne peut donc qu'exalter la confiance des alliés jusqu'au dédain, et, s'il produit quelque illusion parmi les Autrichiens, cette illusion sera certainement de courte durée.

✱✱

Le lendemain du combat, les Autrichiens ont reproché à un cultivateur d'un petit village de ne pas leur avoir dit que les Français étaient dans les environs, et alors ils ont fusillé le père et les fils, dont le plus jeune avait treize ans.

✱✱

Un dragon dont le cheval était tué soufflait avec force dans son clairon.

Arrive une balle autrichienne qui pénètre dans l'instrument par le pavillon.

Le choc est si violent, que notre chasseur est renversé.

Mais il se relève aussitôt, et, pris de colère, il se jette sur l'ennemi, passe sa baïonnette à travers le corps d'un clairon autrichien, lui arrache son instrument et se met à sonner de plus belle.

**

Avant d'entrer en Lombardie, Garibaldi a dit à chacun de ses soldats : « Déposez vos sacs et prenez chacun quatre fusils. »

De la sorte, les chasseurs des Alpes peuvent armer trois Lombards révoltés ; donc, ils valent quatre hommes. — Et encore ! ces quatre hommes valent bien huit Autrichiens.

On écrit à la *Correspondance autrichienne* : « Des lettres de Gênes parlent *des excès* que les Français ont commis dans cette ville ; cinq millions de francs doivent avoir été déjà expédiés à Paris ; le ministre de la guerre français a déjà tiré sur Gênes des traites pour une valeur de douze millions, etc., etc. »

C'était à la suite d'une affaire d'avant-postes.

L'ennemi avait jugé prudent de se retirer le plus loin possible, et le clairon avait rappelé nos tirailleurs.

Un zouave arrivait des derniers. Il boitait; une balle qui s'était perdue dans ses larges pantalons l'avait blessé à la jambe. Il jurait comme un possédé, et, de temps à autre, se retournait pour menacer du poing l'horizon, dans la direction des Autrichiens.

— Gueux! scélérats! brigands! grommelait-il, que je vous retrouve! on verra la danse!

— Diable! lui dit un caporal, ils t'ont fait bien mal à la jambe, à ce qu'il paraît?

— Peuh! fit le zouave en haussant les épaules, la belle affaire!... si ce n'était que cela! mais imaginez-vous, caporal, que les imbéciles m'ont cassé ma pipe.

*_**

M. le comte de Stadion dit, dans son bulletin officiel, qu'il a forcé l'ennemi à *déployer ses forces.*

En langage vulgaire, cela peut se traduire ainsi :

J'ai rencontré hier Baptiste, — nous nous sommes querellés. — Il m'a flanqué une raclée, c'est vrai; *mais* je l'ai forcé à me montrer sa force !...

*_**

Les habitants de Côme furent tout étonnés, un matin, de voir flotter sur la tour Baradello un drapeau aux couleurs italiennes. Immédiatement, le commandant de place inflige à la ville une amende de soixante-dix mille florins. On ne saisirait pas tout ce que cette taxe a d'odieux et de perfide, si l'on ne savait que les Autrichiens sont soupçonnés d'avoir fait placer ce drapeau, afin d'avoir un prétexte pour rançonner les habitants. La tour Baradello est en effet occupée par eux ; comment supposer qu'on ait hissé le drapeau sans leur permission ?

*_**

Une nièce de M. de L..., directeur d'un chemin de fer, habitant momentanément Vienne, se trouvait, il y a peu de temps, dans un magasin de la ville, où elle faisait quelques achats ; comme elle s'adressait en français à un commis de magasin, un jeune homme fort élégant, acheteur comme elle, la regarde, la toise des pieds à la tête, s'approche d'elle, et, lui mettant presque le poing sous le nez :

— Vous êtes Française, madame, je ne vous en félicite pas. Apprenez que j'ai un frère dans l'armée ; s'il est tué, malheur à vous et aux vôtres ! je vous poursuivrai de ma haine et vous y passerez tous ! etc.

La dame, d'abord un peu déconcertée, ne trouva pas sur-le-champ une parole à dire ; mais, retrouvant son sang-froid au bout de quelques secondes, elle regarde à son tour son antagoniste, et avec un calme parfait lui répond :

— Si votre frère est aussi lâche que vous, monsieur, il se tiendra à l'abri derrière ses troupes, et vous pouvez être tranquille sur son sort.

***

Les populations de la Lomelline connaissent par une triste expérience la pratique des réquisitions autrichiennes ; nous en possédons maintenant la théorie. L'empereur François-Joseph a ratifié, le 16 mai, des instructions qui règlent l'administration de ses armées en pays ennemi. Après avoir confirmé ou remplacé provisoirement les autorités existantes, le commandant doit avoir soin de mettre le séquestre sur toutes les caisses publiques et les propriétés de l'État, et de s'en approprier les recettes et les revenus.

***

Des mesures ont été prises par l'administration des lignes télégraphiques, pour assurer le service des dépêches particulières adressées aux officiers, sous-officiers et soldats de l'armée d'Italie. Ces dépêches ne pourront parvenir télégraphiquement que jusqu'à Turin ou jusqu'à Gênes ; elles seront ensuite réexpédiées de l'un de ces points à destination par la poste.

***

Les Autrichiens ont si bien le sentiment de leur défaite, qu'ils ont préparé près de Bologne une grande quantité de chevaux et de chariots pour pouvoir fuir.

***

Pendant que Vigevano était la proie des Autrichiens, ils faisaient construire un pont de pierre sur le Tessin, aux frais de la commune. Jamais ouvriers ne furent plus nombreux. Ils travaillaient avec une ardeur qui ne s'expliquerait pas, si l'on ne savait que des soldats, l'arme au bras, les surveillaient pour les stimuler par le fer et par le bâton. On avait choisi les plus riches propriétaires, envoyés à Milan pour y contracter l'emprunt nécessaire aux frais du pont, 500,000 fr. De nombreux otages étaient internés jusqu'au succès de l'entreprise. Dans la ville comme dans les environs, tout a été pillé, saccagé, détruit. Les champs et les vignes ont été pressés, abîmés. Les mûriers ont été déracinés; l'on a même coupé jusqu'aux bois.

Ne trouvant plus de cuirs, par suite du premier pillage au profit des soldats de la Lombardie, les ennemis avaient mis en réquisition tous les savetiers, qui travaillaient, rangés sur la voie publique, dans un cercle de soldats, et à raison de 3 francs, payables chez les municipes; ils avaient l'obligation de chausser l'armée autrichienne.

**

Cinq Autrichiens traversent le Pô dans une barque, entrent le sabre à la main chez un paysan, demandent à boire. Le paysan les sert, et sort pour aller chercher des vivres, soi-disant.

Une fois dehors, il va tranquillement couper la corde du canot et prévenir un avant-poste français, qui s'est empressé d'arrêter les cinq Autrichiens.

***

L'opinion publique en Angleterre se manifeste de plus en plus. Dans la soirée du 21 mai, un meeting a eu lieu dans la Cité ; les assistants, en grand nombre, tout en demandant la neutralité complète de la Grande-Bretagne, ont témoigné la plus vive sympathie pour la cause de la péninsule. Ils ont couvert d'applaudissements le lord-maire quand il a dit : « L'Italie a été spoliée de tous ses droits et priviléges : sa population a été réduite à l'esclavage, son génie éteint, son commerce presque anéanti ; et si le résultat de la lutte actuelle doit être de lui donner la liberté, de rétablir sa nationalité, d'élever une barrière nouvelle contre les empiétements du despotisme, alors tout Anglais s'en réjouira. »

***

Les bonnets à poil sont mis à l'écart et les

shakos de l'infanterie de ligne, comme ceux des voltigeurs de la garde, sont remplacés par une coiffure plus légère.

Les soldats, sans y mettre beaucoup de façon, jettent leur shako aux orties ou dans la mer, pendant la traversée de Toulon à Gênes, et le remplacent par le képi, leur coiffure de prédilection.

Il en est de même du col noir, remplacé d'urgence par la cravate bleue, rouge ou noire, et par un collet déboutonné. Les plus rigides grenadiers de la garde se sont affranchis, dès le premier jour de marche, de leur supplice du carcan.

⁎

Le 3ᵉ de zouaves est un de nos plus brillants régiments d'Afrique. Il a pris une part héroïque à la guerre de Crimée.

Lors de son arrivée à Gênes, tout le monde regardait avec admiration son drapeau tellement criblé de déchirures, qu'on avait dû en rejoindre les glorieux lambeaux à l'aide d'une grossière couture.

Le régiment se ferait massacrer jusqu'au dernier homme, plutôt que d'abandonner cette précieuse relique.

Un soldat disait à une charmante femme qui lui présentait à la fois un bouquet et une branche de laurier : — « Merci pour le bouquet; — mais gardez le laurier pour notre retour, quand nous l'aurons mérité. »

Nos tirailleurs rendent justice à leurs antagonistes. Quand on leur parle des Tyroliens, ils caressent leurs moustaches et prennent un air capable :

— Les Tyroliens, disent-ils, ça tire bien.

Puis, ils ajoutent avec dédain :

— Mais ils ont besoin d'une fourche et d'un maillet.

Les chasseurs tyroliens ont dans leur armement une petite fourche sur laquelle ils appuient

le bout du fusil. Ils ajustent lentement, et tirent
à l'homme comme au chamois.

BULLETINS OFFICIELS

ET CORRESPONDANCES

Le 21 mai 1859, le général commandant la 4ᵉ division, Cialdini, a ordonné à deux colonnes de passer à gué la Sesia près du pont de Verceil, afin de déloger les Autrichiens de la rive gauche. La première colonne, composée du 1ᵉʳ bataillon du 10ᵉ régiment sous les ordres du capitaine Jest, sans se préoccuper du péril de gués incertains et profonds, est entrée résolûment dans la rivière, et peu de temps après les troupes se formaient sur la rive opposée. Ne pouvant pas se servir des munitions, qui pendant le passage avaient été mouillées, les soldats, avec un élan admirable, ont attaqué l'ennemi à la baïonnette. Surpris par cette hardiesse, l'ennemi a pris précipitamment la fuite, abandonnant sur le champ de bataille des morts, des blessés, des armes, munitions et équipages. En ce moment, la deuxième colonne, sous les ordres du lieutenant-colonel Reccagni, commandant les chevau-légers d'Alexandrie, et composée des 6ᵉ et 7ᵉ bataillons de tirailleurs et de deux escadrons de chevau-légers, passait à gué la Sésia. Par une manœuvre hardie, cette colonne a chassé l'ennemi de poste en poste, contribuant au succès de la journée. Maintenant, toute la rive gauche de la Sesia, depuis le passage d'Albano jusqu'à Torrione, est débarrassée des ennemis. La possession de ce terrain, de notre côté, a été encore plus assurée le même jour et dans la journée des 22 et 23, par de hardies reconnaissances offensives exécutées par quelques troupes de la 4ᵉ division et par plusieurs escadrons de cavalerie de ligne.

Les 22 et 23, pendant que quelques reconnaissances dirigées par le roi en personne sur la Sesia et sur le Pô, admirablement protégées par l'artillerie, tenaient en respect l'ennemi, l'îlot qui se trouve en face de Terranova était fortement occupé par les nôtres. La conduite des troupes dans toutes ces circonstances a été, comme toujours, digne des plus grands éloges. Le roi, en ordonnant de faire connaître aux troupes sa haute satisfaction, a daigné conférer des récompenses à ceux qui se sont le plus distingués.

LE CONSUL DE FRANCE AU MINISTRE DES AFFAIRES ÉTRANGÈRES.

« Naples, 22 mai.

« Le roi Ferdinand est mort aujourd'hui, dans l'après midi.

« Naples est tranquille. »

Le roi des Deux-Siciles, Ferdinand II, n'était âgé que de quarante-neuf ans. Né à Palerme, le 12 janvier 1810, il succéda à Francois Ier, son père, le 8 novembre 1830. A son avénement, il promit d'importantes réformes. « Nous sommes persuadé, disait-il dans sa première proclamation, qu'en nous investissant de son autorité, Dieu n'a pas voulu qu'elle restât inutile dans nos mains, ni que nous en fassions un mauvais usage. Il sait que notre règne doit être un règne de justice, de vigilance et de sagesse, et que nous accomplirons envers nos sujets tous les devoirs que la Providence nous impose. » Ferdinand II ajoutait qu'il ferait tous ses efforts pour cicatriser les plaies du royaume, pour assurer l'égalité devant la loi, alléger les impôts et rétablir l'ordre dans les finances. Il décréta une amnistie générale et mit en liberté les détenus politiques; mais bientôt il se laissa dominer par le parti absolutiste et clérical, et adopta abusivement un système de compression.

Ce fut le royaume des Deux-Siciles qui, avant la France, donna, en 1848, le signal des révolutions. Tremblant pour sa couronne, Ferdinand II octroya, le 11 février, une charte constitutionnelle; mais une réaction ne se fit point attendre, et les Deux-Siciles furent désormais soumises au régime de la terreur.

Au congrès de Paris, des plaintes s'élevèrent contre l'odieuse administration de celui que la voix publique désignait sous le nom du roi Bomba, et sa résistance opiniâtre à toutes les remontrances amena la rupture des relations diplomatiques entre les cabinets de Naples, de Paris et de Londres. Sur la fin de ses jours, Ferdinand II avait paru s'amender, et l'on sait qu'il commua la peine des hommes honorables qui avaient soutenu contre lui la cause de la liberté. Il a régné vingt-neuf ans; son successeur est le prince François-Marie-Léopold, né le 16 janvier 1836, de la reine Marie-Christine, fille de feu Victor-Emmanuel Ier, roi de Sardaigne, et morte quinze jours après la naissance de son fils.

* *
*

Toscane. Florence, 23 mai.

Une notification du gouverneur de Livourne et une autre de la municipalité annoncent qu'aujourd'hui a débarqué dans ce port S. A. I. le Prince Napoléon. Des arcs de triomphe ont été dressés à la porte Colonella; les autorités et le corps consulaire ont été invités à assister au débarquement du Prince. Les fenêtres et les balcons ont été pavoisés aux couleurs italiennes et françaises. A midi, le commissaire extraordinaire commandeur Carlo Boncompagni, le ministre de l'Empereur des Français résidant en Toscane, le gouverneur et le général français Coffinières se sont rendus à bord du yacht impérial la *Reine Hortense*, sur lequel était le Prince. A une heure un quart, le Prince Napoléon, salué par les canons des forts et de tous les bâtiments de guerre à l'ancre en rade, a mis pied à terre et il a serré la main de Mgr l'évêque Gavi, qui a été le premier à sa rencontre. Le Prince, en carrosse, a parcouru la rue San Giovanni, où les troupes françaises et piémontaises formaient la haie. Prenant ensuite la grande place où étaient rangés en bataille les hussards français, la rue Ferdinande, où les chasseurs à pied et la gendarmerie toscane bordaient la haie, il s'est rendu à l'hôtel de l'Aigle-Noir. Partout il a été couvert de fleurs et acclamé aux cris de *Vive l'Empereur Napoléon! Vive Victor-Emmanuel! Vive le Prince Napoléon! Vive l'Italie!*

*_**

Turin, 24 mai, soir.

Le général Garibaldi a fait encore 47 prisonniers. Hier, le bateau autrichien *Ticino* s'est approché d'Intra, demandant qu'on lui livrât deux individus retenus prisonniers comme espions. La générale a battu, le toscin a sonné. La garde nationale est accourue en grand nombre des pays voisins. Le *Ticino* s'est alors éloigné, faisant feu contre l'île de San Giovani et contre la Castagnola. Aucun des nôtres n'a été blessé.

Les Autrichiens qui étaient arrivés à Reggio se retirent avec les troupes d'Este à Brescello, où le duc fait des préparatifs de défense en abattant les arbres et en inondant les plaines.

*_**

Garibaldi est parti de Turin avec 3,700 hommes. Le lendemain de son départ, il quitta Biella et se ren--

dit à Borgomanero, où il passa la nuit. Il resta dans cette ville vingt-quatre heures environ. De Borgomanero commence le curieux de l'épopée. Pendant que ses soldats se reposaient, il prépara ses plans, harmonisant l'exécution avec les instructions qui lui avaient été données par les quartiers généraux. La principale affaire était avant tout de passer le Tessin, et d'effectuer le passage et l'invasion sans danger pour lui ni pour ses hommes. Garibaldi ne sè dissimulait pas que pour tous il y allait de la vie; car ses hommes, avant que d'être des soldats, étaient des émigrés, et cette qualité, qui est un crime pour l'Autriche, prévaut chez celle-ci comme un acte encourant la mort. Donc, il fallait s'arranger de façon à éviter les chasseurs tyroliens.

Que fit le général? Il fit propager le bruit qu'on allait séjourner à Arona; il écrivit lui-même les ordres pour faire préparer les approvisionnements, les logements, et faire disposer les églises pour le campement des chevaux. Des émissaires furent chargés de les porter à Arona. Mais l'occupation de cette ville, dont les maisons blanches se baignent dans les eaux bleues du lac Majeur, n'était qu'un stratagème. Les émissaires expédiés, le départ fut sonné, et, à une heure et demie, l'on partait, les soldats chargés de quatre fusils chacun. A Castelletto, on passa le Tessin sur un bac qui déposa les volontaires à Sesto-Calende, et, à marche forcée, on se dirigea sur Varèse.

Les Autrichiens, aussitôt qu'ils apprirent la façon dont on venait de les jouer, voulurent faire payer au

chef son audace. Ils se massèrent à Calarate et cou
pèrent la ligne du Tessin à Varèse, croyant empêch
par là toute retraite aux chasseurs des Alpes et l
surprendre à leur tour. Garibaldi fit peu de cas d
ce moyen. Il avait déjà gagné les villes à sa caus
ainsi que les villages qu'il avait traversés; ce qui l
prouve, c'est qu'en demandant des renforts au roi,
écrivit aussi pour qu'on lui envoyât 8,000 fusils
capotes.

Cependant, prévoyant une attaque, il barricada Va
rèse. Cela fait, il laissa 200 hommes des siens, qu
joints à la population, soutinrent héroïquement le f
que ne tardèrent pas à diriger les Autrichiens contr
la ville. Pendant ce temps, Garibaldi sortait avec l
gros de son armée par les collines pour déguiser s
marche. Quelques heures plus tard, il surprenait c
flanc les ennemis, les battait et les mettait en dé
route.

Les Autrichiens se retirèrent dans le plus gran
désordre, pour ne se reformer en masse compacte qu'
Camerlata, position très-avantageuse d'où l'on peu
défendre Côme sans essuyer de trop grandes pertes
Mais Garibaldi leur laissa à peine le temps de se comp
ter; il les attaqua de nouveau, et, après un chau
combat qui coûta la vie à un assez grand nombre d'of
ficiers autrichiens, il parvint à les débusquer. Son en
trée à Côme a été un véritable triomphe. Jamais vivat
n'ont dû être plus accentués ni plus empreints de pa
triotisme qu'à ce moment solennel où Garibaldi, bri
sant les chaînes forgées par la cour de Vienne, rendai

a liberté aux peuples aux cris de *Vive le roi! Vive l'indépendance!*

Tout le pays est en insurrection complète. La jeunesse se revêt d'uniformes, s'emparant de fusils. Toutes les classes, sans distinction, nobles, paysans, bourgeois, hommes, femmes, enfants, tous sont prêts pour la résistance. Garibaldi a pris ses mesures pour ne pas manquer d'armes et de munitions.

Garibaldi est à Monza, à moitié chemin de Côme à Milan. Tout fait présager un succès complet sous peu de jours; cependant tout aussi a été préparé, en cas d'échec, pour assurer la retraite du corps d'armée.

Turin, 24 mai, 3 h. 1/2 de l'après-midi.

L'Empereur des Français va partir pour Voghera, où il établira son quartier général. Toute la garde impériale doit le suivre. Ce mouvement a été retardé parce qu'on attendait la cavalerie de la garde, dont les têtes de colonnes sont arrivées.

Le *Moniteur* constate le succès de Garibaldi. Hier il était à Varèse; chassant devant lui les Autrichiens, il est entré à Côme, dont les habitants ont sonné les cloches et illuminé en signe de réjouissance. Il occupe Camerlata, et poursuit l'ennemi en retraite sur Mariano. Ce qui fait sa force, c'est qu'il est dans un pays soumis au joug autrichien et qui brûle de s'en délivrer. A chaque pas grossit son armée. Ces généreux volontaires, ces soldats de l'indépendance italienne, qui, appartenant la plupart aux plus riches et aux plus nobles familles, les ont quittées pour contribuer à l'affranchissement de l'Italie, trouvent partout des adhérents, et inspirent aux oppresseurs de la Lombardo-Vénétie une terreur morale qui paralyse la résistance.

Les corps francs n'ont point de canons, ils en prennent; ils n'ont point de navires, ils en prennent. C'est un cortége triomphant qui s'avance vers Milan, et les feuilles ultramontaines, désolées de la défaite de leurs amis, couvrent leur tête de cendres à chaque échec de la grande puissance absolutiste et cléricale; elles seules prétendent que les vapeurs autrichiens n'ont pas été pris sur le lac Majeur, et que les prisonniers de Garibaldi ne sont que « des gardes-finances ou douaniers, des gendarmes et des employés du gouvernement autrichien ! »

⁎⁎⁎

« Côme, 10 h. du matin.

« Les ennemis, attaqués hier au soir, ont été mis en déroute. Nous sommes entrés à Côme à dix heures du soir; l'ennemi bat précipitamment en retraite sur Monza. »

Aussitôt cette nouvelle arrivée au quartier général, le roi s'est empressé d'envoyer par le télégraphe des éloges et des encouragements au général Garibaldi.

On nous annonce du lac Majeur que le *Benedeck* et

le *Radetzki* ont bombardé pendant près de trois heures Canobbio. La défense a été admirable. Nous n'avons fait aucune perte. Le *Benedeck*, atteint par notre canon, a eu quelques blessés à bord.

Alexandrie, 28 mai.

L'Empereur, voulant diminuer autant qu'il dépend de lui les maux que la guerre entraîne avec elle et donner l'exemple de la suppression des rigueurs qui ne sont pas nécessaires, a décidé que tous les prisonniers blessés seraient rendus à l'ennemi sans échange dès que leur état leur permettrait de retourner dans leur pays.

Vienne, 29 mai.

L'Empereur d'Autriche est parti ce matin à onze heures pour l'Italie, avec les généraux Grunne, Hesse et Kellner ; il couchera à Gratz. L'impératrice l'accompagne jusqu'à moitié route. »

Turin, 20 mai, matin.

La correspondance télégraphique avec Côme est rétablie.

Le commissaire royal extraordinaire, comte Visconti Venesta, fait savoir que la municipalité et les autorités de cette ville importante, chef-lieu de province, ont fait une adhésion solennelle au gouvernement du roi. Toutes les populations du pays voisin du lac de Côme accourent en armes sur les quatre vapeurs dont elles se sont emparées, et elles grossissent les rangs des combattants. D'autres renforts arrivent au général Garibaldi. Les prisonniers autrichiens commencent à arriver au delà de l'ancienne frontière : parmi les premiers sont un capitaine et un lieutenant. Sur le lac Majeur, les populations s'arment, prêtes à une vigoureuse résistance. Le maire de Castelletto, sur le Tessin, qui, au milieu de la grande ardeur des populations, a montré peu de zèle, a été destitué. Par la même occasion, on a destitué, avant-hier, et arrêté le commissaire royal provisoire d'Arona.

**

Alexandrie, 30 mai, 2 h. 50 m., soir.

Le quartier général impérial va quitter Alexandrie. Avant de s'éloigner de cette ville, L'Empereur a voulu faire encore une visite aux blessés de Montebello, et s'est rendu au grand hôpital divisionnaire, où il a été reçu par le commandant de place piémontais, par les médecins de l'établissement. Les blessés autrichiens, français et piémontais, sont confondus dans les mêmes salles et sont l'objet des mêmes soins. L'Empereur a trouvé pour chacun d'eux des paroles d'encouragement et de consolation. Sa Majesté s'est entretenue avec le colonel autrichien Huttel, et a fait connaître à cet officier que lui et tous les blessés seraient rendus à leur patrie aussitôt qu'ils seraient en état d'être transportés. En quittant l'hôpital, l'Empereur a témoigné aux médecins sardes, aux sœurs de Saint-Vincent-de-Paul et aux dames de la ville, sa reconnaissance pour les soins que reçoivent les blessés.

***

Berne, 30 mai, 5 h. 50 m., soir.

Une révolution a éclaté dans la Valteline. La population se rend en masse à Sondrio, qui est le centre du mouvement.

Les gendarmes autrichiens se sont retirés sur le territoire suisse, où ils ont été désarmés et internés.

Le conseil fédéral a envoyé des troupes sur les frontières du canton des Grisons.

***

Palestro, 31 mai 1859.

Le ministre de la guerre a reçu le rapport suivant :

Vers les neuf heures du matin, le 3e régiment de zouaves venait d'établir son bivac sur la droite de ce village et sur la rive droite du canal *della Cascina*, ayant devant lui cet obstacle, lorsque quelques coups de canon suivis d'une fusillade assez vive engagée avec des bersaglieri et autres troupes sardes déployées devant le 3e zouaves en tirailleurs annoncèrent l'approche de l'ennemi. Le colonel fit prendre les armes à son régiment, et le porta à environ 500 mètres sur sa droite, du côté où la fusillade était le plus vivement engagée.

Les Autrichiens, qui avaient pris l'offensive, s'avancèrent rapidement.

On fit d'abord déployer quatre compagnies en tirailleurs dans les blés qui couvraient les hommes, et le régiment fut formé en colonne d'attaque.

La fusillade s'engagea aussitôt très-vivement ; en ce moment le colonel s'aperçut qu'une forte colonne, appuyée par de l'artillerie, cherchait à tourner la position, ainsi que le village même de Palestro.

Il lança alors tout le régiment sur les masses ennemies.

Après avoir franchi rapidement le canal qui était en avant d'eux, profond d'un mètre environ, les zouaves abordèrent résolûment l'ennemi à la baïonnette, et enlevèrent de suite trois pièces de canon, qui leur avaient fait essuyer un feu meurtrier.

En voyant les zouaves sur les hauteurs où étaient les pièces, l'ennemi s'enfuit en désordre. Deux autres pièces de canon, qu'il avait en arrière, furent enlevées comme les premières.

De là la colonne d'attaque s'élança sur le gros de l'ennemi dans la direction du pont de Cofianza sur la rivière de la Busca.

Ce pont était fortement défendu par deux pièces d'artillerie.

Les Autrichiens, qui avaient imprudemment engagé une partie de leurs masses en avant de cette rivière, furent violemment refoulés par le choc impétueux de nos hommes; ils furent presque tous anéantis, dans l'impossibilité où ils s'étaient mis d'effectuer leur retraite.

Plus de 600 restèrent prisonniers entre nos mains; un grand nombre, que l'on peut évaluer à 800, se noyèrent en cherchant à passer la rivière de la Busca. Beaucoup d'autres furent tués, sur place.

Quoique le pont de la Busca fût obstrué par les deux pièces de canon et les chevaux attelés à ces pièces (trois étaient tués), le colonel fit passer des hommes sur l'autre rive, et, après en avoir formé une colonne assez forte, il continua son mouvement en avant.

L'ennemi, soutenu par ses réserves, continua sa retraite en bon ordre, en nous abandonnant encore deux pièces de canon.

Il fut poursuivi jusqu'à la rivière de Rizza Biraza, au village de Robbio.

Là s'arrêta le mouvement en avant; l'ennemi, déjà éloigné, continuait à effectuer rapidement sa retraite.

Le 3e de zouaves a pris neuf canons, fait environ 700 prisonniers dont 9 officiers.

De notre côté, les pertes ont été sensibles :

46 tués, dont un capitaine.

229 blessés, dont 15 officiers.

20 disparus (ces hommes ont roulé dans la rivière de la Rizza Biraza en y précipitant les Autrichiens).

⁎⁎⁎

Pont de Magenta (Tessin), 5 juin.

Hier l'armée devait se diriger sur Milan, en passant par les ponts jetés à Turbigo, et non par le pont de Magenta.

L'opération s'est bien exécutée; mais l'ennemi, qui avait repassé le Tessin en grand nombre, nous a opposé la plus vive résistance. Les débouchés étaient étroits. La garde impériale a soutenu le choc pendant deux heures.

Pendant ce temps le général de Mac-Mahon s'emparait de Magenta. Après des combats sanglants, nous avons partout culbuté l'ennemi.

₊

PASSAGE DU TESSIN ET BATAILLE DE MAGENTA.

Quartier général de San Martino, 5 juin.

L'armée française, réunie autour d'Alexandrie, avait devant elle de grands obstacles à vaincre. Si elle marchait sur Plaisance, elle avait à faire le siége de cette place et à s'ouvrir de vive force le passage du Pô, qui, en cet endroit, n'a pas moins de 900 mètres de largeur, et cette opération si difficile devait être exécutée en présence d'une armée ennemie de plus de 200,000 hommes.

Si l'Empereur passait le fleuve à Valence, il trouvait l'ennemi concentré sur la rive gauche, à Mortara, et il ne pouvait l'attaquer dans cette position que par des colonnes séparées, manœuvrant au milieu d'un pays coupé de canaux et de rizières. Il y avait donc des deux côtés un obstacle presque insurmontable : l'Empereur résolut de le tourner, et il donna le change aux Autrichiens en massant son armée sur la droite et en lui faisant occuper Casteggio et même Robbio sur la Trebia.

Le 31 mai, l'armée reçut l'ordre de marcher par la gauche, et franchit le Pô à Casale, dont le pont était resté en notre possession; elle prit aussitôt la route de Vercelli, où le passage de la Sesia fut opéré pour protéger et couvrir notre marche rapide sur Novare. Les efforts de l'armée furent dirigés vers la droite sur Robbio, et deux combats glorieux pour les troupes sardes, livrés de ce côté, eurent encore pour effet de faire croire à l'ennemi que nous marchions sur Mortara. Mais, pendant ce temps, l'armée française s'était portée vers Novare, et elle y avait pris position sur le même emplacement où dix ans auparavant le roi Charles-Albert avait combattu. Là elle pouvait faire tête à l'ennemi s'il se présentait.

Ainsi cette marche hardie avait été protégée par 100,000 hommes campés sur notre flanc droit à Olengo, en avant de Novare. Dans ces circonstances, c'était donc à la réserve que l'Empereur devait confier l'exécution du mouvement qui se faisait en arrière de la ligne de bataille.

Le 2 juin, une division de la garde impériale fut dirigée vers Turbigo, sur le Tessin, et, n'y trouvant aucune résistance, elle y jeta trois ponts.

L'Empereur, ayant recueilli des renseignements qui s'accordaient à lui faire connaître que l'ennemi se retirait sur la rive gauche du fleuve, fit passer le Tessin en cet endroit par le corps d'armée du général de Mac-Mahon, suivi le lendemain par une division de l'armée sarde.

Nos troupes avaient à peine pris position sur la rive lombarde, qu'elles y furent attaquées par un corps autrichien venu de Milan par le chemin de fer. Elles le repoussèrent victorieusement sous les yeux de l'Empereur.

Dans la même journée du 2 juin, la division Espinasse s'étant avancée sur la route de Novare à Milan jusqu'à Trecate, d'où elle menaçait la tête de pont de Boffalora, l'ennemi évacua précipitamment les retranchements qu'il avait établis sur ce point et se replia sur la rive gauche en faisant sauter le pont de pierre qui traverse le fleuve en cet endroit. Toutefois, l'effet de ses fourneaux de mine ne fut pas complet, et les deux arches de pont qu'il s'était proposé de renverser s'étant seulement affaissées sur elles-mêmes sans s'écrouler, le passage ne fut pas interrompu.

La journée du 4 avait été fixée par l'Empereur pour la prise de possession définitive de la rive gauche du Tessin. Le corps d'armée du général de Mac-Mahon, renforcé de la division des voltigeurs de la garde impériale et suivi de toute l'armée du roi de Sardaigne, de-

vait se porter de Turbigo sur Boffalora et Magenta,
tandis que la division des grenadiers de la garde impériale s'emparerait de la tête de pont de Boffalora sur
la rive gauche, et que le corps d'armée du maréchal
Canrobert s'avancerait sur la rive droite pour passer le
Tessin au même point.

L'exécution de ce plan d'opérations fut troublée par
quelques-uns de ces incidents avec lesquels il faut
compter à la guerre. L'armée du roi fut retardée dans
son passage de la rivière, et une seule de ses divisions
put suivre d'assez loin le corps du général de Mac-
Mahon.

La marche de la division Espinasse souffrit aussi des
retards, et, d'un autre côté, lorsque le corps du maréchal Canrobert sortit de Novare pour rejoindre l'Empereur, qui s'était porté de sa personne à la tête de pont
de Boffalora, ce corps trouva la route tellement en-
combrée, qu'il ne put arriver que fort tard au Tessin.

Telle était la situation des choses, et l'Empereur attendait, non sans anxiété, le signal de l'arrivée du corps
du général de Mac-Mahon à Boffalora, lorsque vers
les deux heures il entendit de ce côté une fusillade et
une canonnade très-vives : le général arrivait.

C'était le moment de le soutenir en marchant vers
Magenta. L'Empereur lança aussitôt la brigade Wimpffen contre les positions formidables occupées par les
Autrichiens en avant du pont ; la brigade Cler suivit le
mouvement. Les hauteurs qui bordent le Naviglio
(grand canal) et le village de Boffalora furent promptement emportées par l'élan de nos troupes ; mais elles se

trouvèrent alors en face de masses considérables qu'elles ne purent enfoncer et qui arrêtèrent leurs progrès.

Cependant le corps d'armée du maréchal Canrobert ne se montrait point, et, d'un autre côté, la canonnade et la fusillade qui avaient signalé l'arrivée du général de Mac-Mahon avaient complétement cessé. La colonne du général avait-elle été repoussée, et la division des grenadiers de la garde allait-elle avoir à soutenir, à elle seule, tout l'effort de l'ennemi?

C'est ici le moment d'expliquer la manœuvre que les Autrichiens avaient faite. Lorsqu'ils eurent appris, dans la nuit du 2 juin, que l'armée française avait surpris le passage du Tessin à Turbigo, ils avaient fait repasser rapidement ce fleuve, à Vigevano, par trois de leurs corps d'armée, qui brûlèrent les ponts derrière eux Le 4 au matin, ils étaient devant l'Empereur au nombre de 125,000 hommes, et c'est contre ces forces si disproportionnées que la division des grenadiers de la garde, avec laquelle se trouvait l'Empereur, avait seule à lutter.

Dans cette circonstance critique, le général Regnauld de Saint-Jean-d'Angély fit preuve de la plus grande énergie, ainsi que les généraux qui commandaient sous ses ordres. Le général de division Mellinet eut deux chevaux tués sous lui ; le général Cler tomba mortellement frappé; le général Wimpffen fut blessé à la tête; les commandants Desmé et Maudhuy, des grenadiers de la garde, furent tués; les zouaves perdirent 200 hommes, et les grenadiers subirent des pertes non moins considérables.

Enfin, après une longue attente de quatre heures, pendant laquelle la division Mellinet soutint sans reculer les attaques de l'ennemi, la brigade Picard, le maréchal Canrobert en tête, arriva sur le lieu du combat. Peu après parut la division Vinoy, du corps du général Niel, que l'Empereur avait fait appeler, puis enfin les divisions Renault et Trochu, du corps du maréchal Canrobert.

En même temps, le canon du général de Mac-Mahon se faisait de nouveau entendre dans le lointain. Le corps du général, retardé dans sa marche, et moins nombreux qu'il n'aurait dû l'être, s'était avancé en deux colonnes sur Magenta et Buffalora.

L'ennemi ayant voulu se porter entre ces deux colonnes pour les couper, le général de Mac-Mahon avait rallié celle de droite sur celle de gauche, vers Magenta, et c'est ce qui explique comment le feu avait cessé, dès le début de l'action, du côté de Buffalora.

En effet, les Autrichiens, se voyant pressés sur leur front et sur leur gauche, avaient évacué le village de Buffalora et porté la plus grande partie de leurs forces contre le général de Mac-Mahon, en avant de Magenta. Le 45e de ligne s'élança avec intrépidité à l'attaque de la ferme de Cascina Nuova, qui précède le village, et qui était défendue par deux régiments hongrois. Quinze cents hommes de l'ennemi y déposèrent les armes, et le drapeau fut enlevé sur le cadavre du colonel. Cependant la division de la Motterouge se trouvait pressée par des forces considérables qui menaçaient de la séparer de la division Espinasse. Le général de Mac-Mahon avait disposé en seconde ligne les treize bataillons des voltigeurs de la garde, sous le commandement du brave général Camou, qui, se portant en première ligne, soutint au centre les efforts de l'ennemi et permit aux divisions de la Motterouge et Espinasse de reprendre vigoureusement l'offensive.

Dans ce moment d'attaque générale, le général Auger, commandant l'artillerie du 2e corps, fit mettre en batterie, sur la chaussée du chemin de fer, quarante bouches à feu, qui, prenant en flanc et d'écharpe les Autrichiens défilant en grand désordre, en firent un carnage affreux.

A Magenta le combat fut terrible. L'ennemi défendit ce village avec acharnement. On sentait de part et d'autre que c'était là la clef de la position. Nos troupes s'en emparèrent maison par maison, en faisant subir aux Autrichiens des pertes énormes. Plus de 10,000 des leurs furent mis hors de combat, et le général de Mac-Mahon leur fit environ 5,000 prisonniers, parmi lesquels un régiment tout entier, le 2e chasseurs à pied, commandé par le colonel Hauser. Mais le corps du général eut lui-même beaucoup à souffrir : 1,500 hommes furent tués ou blessés. A l'attaque du village, le général Espinasse et son officier d'ordonnance, le lieutenant Froidefond, étaient tombés frappés à mort. Comme lui, à la tête de leurs troupes, étaient tombés les colonels Drouhot, du 65e de ligne, et de Chabrière, du 2e régiment étranger.

D'un autre côté, les divisions Vinoy et Renault faisaient des prodiges de valeur sous les ordres du ma-

réchal Canrobert et du général Niel. La division Vinoy, partie de Novare dès le matin, arrivait à peine à
Trecate, où elle devait bivaquer, quand elle fut ap-
pelée par l'Empereur. Elle marcha au pas de course
jusqu'à Ponte di Magenta, en chassant l'ennemi des
positions qu'il occupait et en lui faisant plus de 1,000
prisonniers ; mais, engagée avec des forces supérieures,
elle eut à subir beaucoup de pertes : 11 officiers furent tués et 50 blessés ; 650 sous-officiers et soldats
furent mis hors de combat. Le 85e de ligne eut surtout à souffrir : le commandant Delort, de ce régiment, se fit bravement tuer à la tête de son bataillon, et les autres officiers furent blessés. Le général
Martimprey fut atteint d'un coup de feu en conduisant
sa brigade.

Les troupes du maréchal Canrobert firent aussi des
pertes regrettables. Le colonel de Senneville, son chef
d'état-major, fut tué à ses côtés ; le colonel Charlier,
du 90e, fut mortellement atteint de cinq coups de feu,
et plusieurs officiers de la division Renault furent mis
hors de combat, pendant que le village de Ponte di
Magenta était pris et repris sept fois de suite.

Enfin, vers huit heures et demie du soir, l'armée
française restait maîtresse du champ de bataille, et
l'ennemi se retirait en laissant entre nos mains quatre
canons, dont un pris par les grenadiers de la garde,
deux drapeaux et 7,000 prisonniers. On peut évaluer
à 20,000 environ le nombre des Autrichiens mis hors
de combat. On a trouvé sur le champ de bataille 12,000
fusils et 30,000 sacs.

Les corps autrichiens qui ont combattu contrè nous sont ceux de Klam-Gallas, Zobel, Schwartzemberg et Lichtenstein. Le feld-maréchal Giulay commandait en chef.

Ainsi, cinq jours après le départ d'Alexandrie, l'armée alliée avait livré trois combats, gagné une bataille, débarrassé le Piémont des Autrichiens et ouvert les portes de Milan. Depuis le combat de Montebello, l'armée autrichienne a perdu 25,000 hommes tués ou blessés, 10,000 prisonniers et 17 canons.

**

Quartier général, 6 juin, 7 h. 45 m., soir.

« Le général de Mac-Mahon a été nommé maréchal et duc de Magenta. Le général Regnaud de Saint-Jean-d'Angély a été nommé maréchal. »

Quartier général, 6 juin, 8 h., matin.

Milan s'est insurgé. Les Autrichiens ont évacué la ville, laissant, dans leur précipitation, des canons et les caisses de l'armée.

Nous sommes encombrés de prisonniers; nous avons pris 12,000 fusils autrichiens.

Milan, 8 juin, 8 h., matin.

L'empereur et le roi entrent à Milan. La réception est magnifique et pleine d'enthousiasme.

PARIS. — IMP. SIMON RAÇON ET COMP., RUE D'ERFURTH.